INSPIRACIONES

INSPIRACIONES

Arturo Méndez

[1 Corintios 13]

Y si tuviera *el don de* profecía, y entendiera
todos los misterios y todo conocimiento,
y si tuviera toda la fe como para trasladar
montañas, pero no tengo amor, nada soy.
La Biblia de las Américas (© 1997 Lockman)

Para ordenar copias adicionales de este libro, contactar:
Palibrio
1-877-407-5847
www.Palibrio.com
ordenes@palibrio.com
344644

ÍNDICE

Este libro ha nacido por sí solo, desde los viajes que he hecho pensando en las maravillas del amor y sus misterios, hasta cuando me tope con la veracidad y crueldad de la soledad, allí fue cuando descubrí las mil furias que uno lleva dentro de sí y como estas se parecen tanto a la tierra y a lo que hay en ella; no obstante, este no es sino un libro de amor, poesía, vino tinto, uvas y nueces, sal y lima, es un libro de vida, tierra, plantas, germen, sangre, hojas, cielos y estrellas, nubes y soles, ojos, nariz y lunas, libro de mar, libro de sueños, conchas, anhelos, misterios, olas, peces, libro de paz, guerra, incertidumbre, cólera, muerte y desesperación, este libro es el libro de la tierra y sus inspiraciones.

-AGRADECIMIENTOS-

Este libro se lo quiero agradecer a mis padres que me han dado lo más importante en este mundo, amor, y a mi familia la cual siempre me apoya, entiende, y regaña "dirige". También a esa mujer especial que ha estado conmigo los últimos años sin que yo lo supiera, que ha compartido conmigo la vida en su pura versión así miso me ha ayudado a encontrarme y empujarme, la que comparte conmigo mi sangre, vida, sueños, y alma, a ella le agradezco por ser siempre conmigo, a ella la que Dios ha destinado a ser mi compañera de por vida . . . Pero sobre todas estas cosas y todas las demás cosas y todas las demás ideas y estas ideas quiero darle gracias a Dios que me ha dejado escribir este libro.

TINTA AHOGADA

¿Ahora a quien le escribiré?
Si tus ojos no son más que unos ojos
y tu boca no es más que una boca,
Te has llevado toda la magia
y la has sepultándola tras lluvia y barro . . .

Mi pluma se congela ente sal y tiempo,
sola se ha quedado inmóvil escuchando
esperando tú inasible presencia,
llorando tinta sin escribir palabras
regándola por el cuarto . . . son pequeños chaquillos de tinta ahogada

Con el alma mojada de fría tinta
y mi mano temblando.
¿ahora a quien le escribiré?

¡Si te has ido como se va el ocaso!

AHORA

Ahora mismo no se qué pensar de ti,
ni de mi . . . ¡ni de nadie!
Solo dejándome envolver tras tus brazos
sé que te amo,
Solo dejándome querer por tu querer
por tu amor de regazo.

Solo así,
tras el manto de la noche
la luz de la luna
tu boca y la mía
tu mano mi mano . . .
los dos aquel día de verano.

SIEMPRE

Ahora te extraño mucho más que otros días,
No entiendo porque, si siempre te he querido igual
Solo que hoy recordé tu piel de durazno amor
y tus manos y mis manos unidas

Quiero morir en ti ahora mismo,
Morir y que nada me importe,
Sin nada que añorar, así como lo é hecho siempre
así como te amo ahora no existe nombre

Eres mi princesilla de amor
A la cual quiero como el lento otoño,
Hasta que la ultima hoja caiga,
Y hasta que el último árbol caiga,
La que perseguiré siempre eres ella

¡Con la alegría que me da hacerte un poema!
y con la ternura de besar tus mejillas,
Con eso puedo vivir tranquilo,
con eso y con tu tibio beso

Solo tú haces que me ahogue en amor
En ti, de verdad . . .

CON UN BESO SABRÁS

Tu nombre me recuerda mi primer amor . . .
¡Ah! Como pasan las lunas si no estas
Las estrellas lejanas los cometas los mares aun más
Eres mi pecado ya no te puedo olvidar

Como me encanta que me sonrías
o que me tomes de la mano
De verdad te quiero cuando te sientas a mi lado

Ahora mismo estoy pensando en tu dulzura
que hermosa te ves y más aun con tu piel de cacao,
Quisiera quedarme contigo en ti
En tu amor tan tenue, en tus labios rosados

Amados ojos tienes ante los míos
Tu cabello deslumbrante, tus brazos
Tus besos fríos
¿Sabes?
Aun sigo en la búsqueda de tus tobillos

¿Por qué me preguntaste si aun te escribo?
mi vida te escribiré mientras yo siga vivo.

Pudiera escribirte todo lo que en ti e hallado
amor, dulzura, encanto y tú mirar desairado,
Pero . . . ¡no se hable más!
con un beso sabrás todo lo que he callado.

AMÉ

¡Amé haberte visto hoy!
Como si de repente formaras parte de mí,
Algo muy mío y tulló también
de los dos así como cielo,

¡Quisiera despertarte todos los días con mi beso
para volver a soñar este sueño!
donde estamos los dos cogidos de las manos,
donde solo veo tu reflejo en el agua
en un lago de amor,
donde solo pienso en ti por placer a sentirte cerca,
y que la luna me diga tu nombre mientras duermo

Solo para enamorarme un poco . . .

¡Quisiera, ser tan implacable como la marea,
inundar tu vida de mis arrojados besos
para enamorarte solo un poco!

Si . . .
¡Solo un poco de amor es lo que necesitamos!

BÉSAME

Quisiera que simplemente con palabras
te pudiera enamorar, que me necesitaras,
que me ahogaras en tu mente para así nuca mas salir.
Que con una convergencia de finos sonidos
premeditados con alevosía cayeses en amor conmigo, y ganarnos y
ganarnos.

Quisiera cada cuando la luna salga
o te escriba un poema besarnos
solo por el gusto de besar sin añadiduras, ni ataduras
así, por el gusto de tocar tus finos labios,
¡oh tan dulcísimos como miel recién nacida!
te construiría un poema cada veinticinco minutos.

Mi amada para besarte no vasta una vida
por eso ven bésame y callemos juntos mientra la luna sale en el cielo.

CADA VEZ

Cada vez, ¡solo cada vez!
Cuando la luna cae
Y el día muere,
Me doy cuenta que no soy yo . . .
¡El!

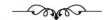

DOLERÁ TU AUSENCIA

Dolerá tu ausencia
como la luna duele en la mar,
como los días y los años
como la guerra y la paz

La luciérnaga de tu amor
se apagara . . .
muerta por hambre,
hambre de amor verdad

Sollozare en la oscuridad
solo con tu recuerdo,
tu recuerdo y la mar

No se te puede olvidar
eres un dolor persistente
una molestia por perpetuar
es tu recuerdo nada más

Los ósculos que me das
ballesta que apunta
al corazón y la mar

Extrañare tus ojos
tus manos, tu cuerpo fugas,
y esa manera de saludar tan peculiar

Seré sincero
. . . te extrañare
Como la luna duele en la mar.

DONDE

Donde quedaron todos esos momentos,
esas caricias, esa fragancia de dulzura,
esos abrazos, esos besos con ternura
donde mi boca busca entre tus labios la miel abrasadora

Donde solo la imagen de tu cuerpo
amapola las mejillas grandiosas,
Donde tu boca resucita mi amor por ti . . .

Donde ha quedado todo eso que hace
que una victoria sea tan interminable
como las más grandes lunas de otoño,

Donde quedaron esos magnánimos labios
como aquellas auroras donde tu rostro era su esplendor,
Donde están los besos que llovían de racimos
como los ocasos mágicos solo si te recostabas a mi lado

Dime donde para ir a buscarlos hasta el atardecer
antes de que me vea la luna llorando por tu amor.

DELEITE

El deleite de mi ser cuando te nota
es más grande que las gotas del mar,
Más que el sonido del sol,
más que tu amor y mi amor,

Cuando el alma se sublima, ò . . .
cuando yacen nubes al cielo,
Las aves callan cuando te digo "te quiero" . . .
Tú sufragas mi ser con tu aliento
¡Como blanca rosa sin lecho
vitoreando tu vehemente amor!

¡Se que te amo!

Lo sé . . .
¡Y es lo único que me gusta saber!
con todas mis coléricas fuerzas,
con la bravura de mis manos
contrastando tú ser,
Note tu amor tan tenue, tan asustado
y entonces solo me deje caer . . .

¿Sabes?

Me sonrojo recordando tu cuerpo bello,
fanático soy de tus besos mujer,
tus manos bellas fusionadas con las mías
como hormigas al marchar
como aves al crecer . . .

Solo puedo decir "te quiero"
desde que conozco tus manos,
¡Desde que te besel . . .

DESIERTO

En el desierto de mi soledad
me alumbraste como una luz,
me detuve un momento para mirarte
aparecías a lo lejos . . .
muy distante como una estrella intocable

Pero,
poco a poco fui conociendo tu sonrisa
y tus manos y tu pelo tenue,
me fui acostumbrando a ellos
como se acostumbra el mar a la arena,
como un preso mira la luna tras una noche de pena

y ahora, lentamente . . .
te has adueñado de mí
con tus manos de cabeza,
una sonrisa maltrecha y tus bonitos pies,
no dejo de pensarte, ni de olerte
ni beberte . . .
contemplarte es lo que hace mi ser

soy como un marinero
esperando llegar a tus labios,
a tu amor, a tu bellas manos,
para que un beso sagaz
¡desnude nuestras almas y nuestro ser!
y caer enamorados una vez más . . .

Si, solo un beso, solo con eso
tú sabrás todo lo que callan mis labios al verte,
todo lo que siente mi pecho al verte
como mis brazos tiemblan al tenerte
solo un beso de ti, de tu amor de verdad . . .

TU AUSENCIA

Me duele tu ausencia . . .
Como la eternidad de una gota de rocío
me duelen tus labios secos,
apagados y fríos
tus labios sin mis labios al rojo vivo

me duelen tus manos
tan llenas de dulzura como también llenas de melancolía
me duelen tus pecas, afligidas y tibias
bastas de engañas caricias

me duele tu pelo,
tan fino y magno . . .
tan habido de una mano acariciando

me duele la curva de tu espalda . . . tu vientre,
tu cadera inasible hacia mi mano firme

me duelen tus brazos,
tan sedientos de besos
tan llenos de nada
tan faltos de abrazos

me duelen tus pies
que combinan con mis oídos
que también combinan con mis hombros sombríos
a todas horas, emitiendo 10, 000 sonidos

me duelen tus ojos
que me ven con desaire
como tus pestañas tan largas
como tus besos de fraude

me duelen tus piernas,
porque se que las tuve abrazando mi cintura
porque se cual es su color, su sabor, y su textura
porque se que no son mías . . . Si no tullas

me duelen tus besos,
llenos de nada . . . llenos de aire
en ellos tú presencia inexistente,
y en mí, el dolor persistente

me duele tu pecho,
donde alguna ves fragüe mi anhelo
donde aguardaban mis esperanzas
donde ya no creía . . . solo soñaba

Me dueles toda tú.
por ser quien eres . . .
por todas las bondades
por todos tus placeres

Tu cuerpo entero me duele,
y estoy aquí . . . postrado a tus pies
llorando como lo e hecho nunca
rogando por mi vida,
rogando por lo que éramos,
rogando por ti, y por mi, por ambos.

ME OLVIDASTE

¡Me olvidaste terriblemente!
como si yo afortunadamente lo pudiese hacer, pero no . . .
te recuerdo siempre, y siempre te recuerdo
con esa preciosísima sonrisa que tu te conoces,

¿ah donde estarás ahora mismo si no olvidándome otra ves?
¿ah con quien estarás ahora sino con alguien más?
¿ah por que tan finito tu amor?
ah te extraño, mi corazón partido . . .

NO ES SOLAMENTE

No es solamente el beso
no es la caricia temprana
yo te quiero para toda la vida
a mi lado siendo mi amada

No es tu cabello, tus pestañas, tu mentón
tu mentón tan perfecto y finito
no es un dolor simplemente sin sitio
no es tu mirar desairado
y si lo es, ya me he equivocado . . .

no son tus manos tan bellas y tiernas
ni la mordida falsas de amor
tampoco tus caprichos, los que quieras,
son tus piernas que me han condenado al dolor

no son los lugares donde hemos estado
no son los momentos de enfado dolor
Son mis labios fugitivos,
prófugos a la boca de tu amor

Son las gerberas quemadas
que dejas a tu paso
en mí desdichado corazón . . .

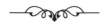

EXCLAMACIÓN

Como duele ah . . . ¡esta tu ausencia!

HASTA AHORA

¡Hasta ahora te puedo decir te amo!
te amo, no se ni donde ni cuando
pero desde la dulzura de tu vos hasta
donde tu piel su transforma un uva que muerdo,
ahí, me pierdo esparciendo mis labios
por tu blanco cuerpo piel de uva.

Tu garganta emite inesperada la chispa
cuya alegría es motivo de nuestro amor,
cuya candela supera al sol como si
se tratase de un pequeño fósforo y rallo,
así alumbra todo el cielo infinito donde
suavemente nos conocemos.

Mujer piel de uva y dulce vos,
toda una obra de arte que Dios destino papa mi.
Hasta ahora, solo hasta estos últimos momentos
noto como mis manos se endulzan
con tu miel apasionada ¡OH mi deseada!

FRESCA ALGARABÍA

Es como darle vida a la vida,
lienzo al pintor,
tinta al poeta . . .

Es como querer amarte al medio día
cuando tú estás, cuando te aumentas,
tú eres mi pequeña melodía
que retumba en mi cabeza

Solamente tú eres my princesa
que cuando me besa,
hace que me sienta con una algarabía
tan fresca como la cereza.

ME ENCANTA

Me encanta cuando me sonríes
de verdad siento que me quieres,
siento esa necesidad de decir te amo
con corazón en la mano y el alma en la mano

ya no te puedo olvidar . . .
¡eres mi necesidad más que el aire!,
"es como adicción a tu sonrisa"
como olvídate si de verdad eres mi amor
¿como culparte si eres perfecta?

toda tú me llenas . . .
con tus besos gélidos
con tu suave risa,
con tu manos bellas
con tu pelo fino
con tu amor de bríos,
con tu . . . ¡TODO!

eres única amor y nada haces,
solo enamorarme más y más y más y más . . .
como el infinito en la inmensidad
como un naufrago en el mar
como yo inmerso en tu amor

¡Pero ya no se hable más!
solo tú serás la que sabrás
lo que me provocas al verte llegar,
¡Corazón!. . .
ya no tengo ojos para nadie más

eres tú, tu sonrisa y tus manos
tu cuerpo bello que acaricio,
tu hermoso pelo ensortijado,
¡Sí! solo tú eres
mi princesita de ese cuento,
me has maravillado.

QUÉDATE CONMIGO

Quédate conmigo solo un momento más
hasta que la luna ya no se vea en el cielo,
Que las estrellas nos alumbren los labios
secos de amor, secos de miel voraz

Que el relente de la noche nos diga qué hacer
y las nubes cubran nuestros besos anhelo
Quédate aquí a mi lado,
Por que el viento acaricia como suaves uvas sin morder,

Lenta va recorriéndote la brisa que desnuda tu piel
como los pétalos llenos de miel abrasadora,
Dejemos la boca de babel y hablemos con los labios
con ese sabor del primer beso que al alma adora,

¡Nuestras manos diciéndose tantas cosas!
hablando con las yemas, con las palmas, todos los dedos,
Los ojos iluminándose de amor con los parpados cerrados,
con las pupilas quemadas y los roces cruzados,

Mientras nos queremos más el sabor del otro
se hace nuestro y nos sabemos en nosotros,
Que la noche te sombrea línea por línea, beso por beso
te voy midiendo en este quillotro fugas,

Así como gotas de lluvia que se pierden en el mar
recogidas por las olas que llegan a tus playas,
Así es como mis labios se pierden al besar tu boca
después de las batallas que indefectiblemente nos envuelven,

Y ahora cautivo de tu aroma rojiza yo soy
como lo fui antes de dejarte atrás,
¡Quédate conmigo solo un momento más!
que el crepúsculo corre hasta el último adiós.

NO SOLAMENTE HAY AMOR

No solamente hay amor entre nosotros,
sino, tiempo, lágrimas, fuego, vida.
Mi mente que te piensa siente como
aire, mar, tierra se parecen a ti.

El océano tiene esa tu sonrisa, blanca fuerza
incontenida que recorre todas las costas de mí
llenándolo de luz como si de repente
me hubieras besado.

Esas blancas montañas donde bebo sedientísimo
el amor de la vida son tuyas; duplicas conchas
blancas situadas sino en el corazón del hombre
que es el tuyo, ellas a veces infinitas, se elevan
hasta donde parece que no las alcanzo y son libres.

Tus ojos tienen el color del aire, no hay
ojos que puedan soportar su belleza y por eso
ellos dulcísimos, lindísimos, bellísimos, se trasformaron
en ojos humanos para así yo no muriera si los veo.

Todo se parece a ti,
Todo se parece a ti . . .

Te beso y beso a la tierra misma,
Sabor de tierra, de aire, mar, . . . sabor de amor,
¡Sabor de ti vida recorre mi cuerpo!

TE AMO Y NADA HAGO

Te amo y nada hago para curarme . . .
Solo me dejo caer en tus labios
en tu regazo implacable,
en tu amor, ¡eso es irremediable!

¡AMOR!

¿donde estas?
te busco en mi almohada
en mis sueños, en el alba,
te busco y no te encuentro
te busco como el cielo busca al sol
como la noche busca amor, ¡tú, amor! . . .

Te extraño ahora más que nunca
te extraño y te amo al mismo tiempo,
Quisiera quedarme contigo en lo eterno
en el cielo o un en baúl de recuerdos . . .

¡AMOR!

Que haces, ¿con quién estas? . . .
en que parte, hay alguien más ahí,
Adicción a ti a tu sonrisa de marfil
a todo tu hermoso cuerpo de Abril

¡Mírame ahora!
contigo siempre estaré
como mi indefectible amor.

Sin ti los días pasan lentos y gélidos
suaves, con vivos y muertos
como luz de cometas al caer

¡AMOR!

Te amo y nada hago para curarme
solo amarte más y más y más y más . . .

POR UN BESO

Por un beso tuyo soy capaz de
bajar la luna del cielo
y dártela entre tus tibias manos,
llevarte más allá de este mundo.

Por un beso tuyo soy capaz de
formar galaxias y cometas,
contemplar lunas y luceros
¡amarte, como nadie más lo ha hecho!

Por un beso tuyo moriría
moriría, moriría y moriría . . .

Por un beso de tu firme boca
de tus dulces labios
de ti, mi princesita . . .

ME HE PERDIDO

Me he perdido en tus ojos,
me he perdido en tu aroma
¡me he perdido en ti!, "Amor"
en tu vientre que apasiona

y no me importa encontrarme
porque aquí soy feliz,
aquí he encontrado todo . . .
desde caricias mágicas
a besos interminables
desde mordidas sádicas
a momentos inolvidables

¡Todo aquí esta!
en tu pequeño cuerpecillo
en tus manos, en tus brazos,
en tus piernas, en tus muslos,
en ti hay algo
algo que amo de verdad . . .

IMPOTENCIA

Mi mano quiere escribir
pero mi mente no te piensa
es como obligar a la luna a salir.

No puedo escribir si tú no estás aquí

Te aleje, ¡lo sé!
Pero, no sabía
que te llevaría mi vida,
que la tomarías y . . .

No puedo escribir si tú no estás aquí

Necesito tus ojos y tus pestañas tan largas
tus hermosos brazos y tus labios tan dulces
¡Tú! Mi mujercita milagrosa

Alegras mi día con tus caricias
como también amargas mi vida con tu desastrosa ausencia
eres toda poderosa sobre mí,
holocausto por lo que me arrepiento,
te di todo ese poder, pero solo fue un momento.

NO HAY NOCHE

No hay noche donde no te recuerde
con mi indefectible tristeza,
Ni hay día en donde me haya olvidado
de tu más dulce sonrisa,

Ya sea con la miel abrasadora del ocaso de primavera
o con la belleza interminable de tu silueta que me eriza,

No hay tarde donde no piense
maravillas en tu boca de cacao,
Ni manana sin que me levante
persiguiendo tu aroma de princesa,

Ya sea desde la dulcísima vehemencia de mi caricia
hasta la fatídica soledad con la que el alma se resucita

No hay vida, ni hubo, ni habrá,
donde yo te pueda olvidar toda, ¡Princesa! . . .

SOLO CON TU SONRISA

Solo con tu sonrisa puedes hacer que
un día mío sea siempre un atardecer,
Con tan solo una mirada la luna
deja de menguar y empieza a crecer,

Eres un milagro tan interminable
como el lento ocaso de verano,
Mas interminable aún que
la hoguera en donde te amo,

Me iluminas como si fuera
un viajero que va hacia el sol,
Y yo fuera más que un solo niño perdido . . .
Perdido en el espacio,
y tú solo me sonríes y me besas,
me tomas de la mano y entonces
se me olvida todo y pienso que solo te quiero,
Así interminablemente como la luna quiere al cielo
o como el aire de primavera quiere al suave viento,

Solo puedo pensar en ti como
una luz que siempre está al final del día,
Lo que no entiendo es porque ahora
indefectible te conviertes tú, ¿si, eras desconocía?

Ahora eres más que un solo recuerdo
que esta tiritando en mi mente,
Me acompañas siempre, aún más
que la obscura noche con su húmedo relente,

Estas ahogándome con tu amor infinitamente,
Siempre estarás conmigo, conmigo eternamente . . .

UN SEGUNDO

Un segundo vasto
para que te viera,
Un segundo vasto
para que me convenciera,
de que tú vas a ser
esa mujer . . .

mujer de mis sueños
mujer de mis desvelos

Ella solamente, ella serias
la que cuidase de mí toda la vida.

MIL BARCOS

Mil barcos me transportan a tus costas esta noche
¿Como si tus costas esperaran el desembarco de mis besos?
quisiera recordar como eras aquel verano
donde todavía no probaba tus labios de cerezo,
donde soñaba con encontrar el pacto de tu boca
donde siempre pensaba en ti . . .

Y ahora contigo en mi, en mi pecho, en mi mente
es difícil alejarte, ¿sabes?
me gusta pensar en ti

¡Sabía que era una buena mala idea besarte! . . .

Mil barcos me transportan a tus costas esta noche
y la noche siguiente y la siguiente,
desde aquel nuestro encuentro.

SINO PORQUE TU SONRISA

Sino, porque tu sonrisa asoma cada mañana
oh amor mío, oh vida yo no tendría por que vivir,
Seria inútil el sol, la luna, los mares, la tierra, el tiempo;
la vida misma,
la vida mía sin uso seria si solo por un día tu sonrisa se apagase.

Si por un segundo piensas de tu sonrisa privarme,
aléjate de mi amor que ciertamente moriría sollozando
en el cuarto donde te conocí de alma y cuerpo desnuda,
moriría en los días, los árboles y las estrellas me guillotinarían,
la mar me abatiría y quisiera ahogarme; al contrario,
si te dedicas a abrir ese lugar dulcísimo para besarte,
ah vida, ah cielo mío, llenarías mi sangre de sangre y mis días de día,
alejarías la tristeza, el pesar y la melancolía se esfumarían.

Si no, porque tu sonrisa se asoma cada mañana . . .
¡le he robado aire a la vida para tomar un beso de tu alma!

TRISTE

Qué triste es estar enamorado de una persona
que no se dé cuenta de que la quieres más de lo que se imagina . . .

. . . Y fue solo hoy en una hamaca donde decidí que tú serias . . .
¡Mi vida!

SI NI YO MISMO ME ESCRIBIRÍA

No sé que escribirte . . .
¿Te odio por lastimarme?
No . . .
Quisiera darte todo y nada al mismo tiempo

Quiero, te quiero y no
aquí estoy solo, contigo y sin ti
plañendo la vida como
soldado sin ella, sin mí

Eres lo único por lo que me postré
e implore como roca menoscabado por la lluvia
tu no ausencia en mis días que perdura,
ya he vitoreado tu hazaña, y desde cero comencé

En el fragor de ti, de tu holocausto
me destruiste por dentro, tu mi único fracaso,
no sé qué escribirte, si ni yo mismo me escribiría.

QUISIERA

Quisiera tenerte siempre, para siempre
para toda nuestra vida, para nunca extrañarte,
como la hago ahora con mi alma caída,
con mis manos tan frías.

Solo tú me das ese calor vital
la razón de mi vida eres tú. ¡nadie más!

TE QUIERO ASÍ COMO SE QUIEREN
POCAS COSAS

Te quiero así como se quieren pocas cosas . . .
Así como la mañana quiere el suave roció que nutre a las flores te quiero,
te quiero no solo por no dejar de quererte, te quiero
así como la luna quiere a la noche para brillar en el cielo

Te quiero fija y lo siento no muy pasajero,
así como el siego a su bastón te quiero
así como la firmeza de la convicción te quiero,
un poco más que la noche a las estrellas te quiero
y te quiero aun más que a la rima o al verso,

como la sal al mar te quiero así como el mar a la arena te quiero
te quiero como el cielo a las nubes te quiero,
y así como el vehemente sol quiere al universo,
o como las montañas los ríos te quiero.

Tal vez como uva sin morder te quiero
o la manzanas de tu pecho te quiero,
Te quiero como una sonrisa roja te quiero
como ahora amapolado de ti te quiero.

Yo te quiero como los ríos al agua
y como la dureza implacable al acero,
como un mogollón de luz en el cielo oscuro te quiero,
te quiero como las aves al volar al viento,
como el aire sin respirar te quiero,

Te quiero aun más que cuando empecé te quiero
eres tú, soy yo, somos ambos nos quiero . . .

LOVE, AMOR, 사랑

QUIERO

Quiero tatuar el aire
jugar a no irme
al largo y triste juego del amor
Quiero quedarme contigo
hasta que el ocaso indique
la hora del último adiós

Que las manecillas del destino
nos alejes . . .
¡Mil millas no son nada!
nunca estuve en dos lugares
en el mismo tiempo

Te regalo mi alma mi corazón
mi mente y abrigo
pero,
quédate conmigo un momento más

Tú has sido mi pluma mi novia mi mejor amigo
quiero no dejarte atrás.

SI LA NOCHE NEGRA ESTA

Si la noche negra esta por nuestro amor
ese amor prohibido mío y de vos,
negro de amor, negro de desesperanza, negro de vos
El negro de mis ojos vanos
que alimentas con tu amor
son recuerdos diáfanos
de tus besos corazón

Que no entiendes que
sin ti no somos dos
que sin ti no hay amor

¿Porque te gusta hacerme sufrir
si tú sufres, corazón?
Que la noche negra esta por nuestro amor
Negra de luto,
Negra de desilusión . . .

MIRADAS

Miradas . . .
miradas que matan,
miradas que duelen
me miras y tiemblo en todo el tiempo.

Me miras me muero
sonríes me quemo
suspiras me ahogo
te vas . . . y lloro

No puedo más estar sin ti
tu ausencia duele
como rosas secas,
Tu ausencia dele por no estar cerca . . .
¡me niego a estar sin ti!

MIS SUEÑOS

Todavía entre mis sueños te encuentro . . .
Te encuentro y no quiero despertar porque
solo ahí te puedo ver y decir la verdad
sin tener ese miedo tan fuerte que se vuelva tangible,

Ese miedo que después de la verdad solo allá silencio
domado por una media sonrisa con ese gesto obligado
y que después de la rota sonrisa solo sigan palabras bacías
saliendo solo de la boca en medio de ese aire incomodo,

En mis sueños te puedo decir la verdad sin temer al futuro,
Sin temer a la coincidencia y estar tan lejos
que se vuelva vana la confesión regresando amargos recuerdos
diciéndonos tantas oportunidades de decirlo y nunca pudiste,

Sin tener el miedo de escuchar lo que ya sabemos,
Solo soltar la vehemencia de los sentidos hablando con los ojos
sin ese miedo de que la conciencia nos traicione acusándonos de
infieles,

Sin temer del hoy o del mañana solo vivir ese momento,
gravarlo en nuestro ser para así cargar con ambos siempre y nunca
olvidarte
Te invito a mi sueño y a ser parte de los tuyos,
correr del mundo y besarnos hasta que el sol se ponga
aquí donde no existe el miedo y te puedo decir

-¡Te quiero y cada silaba sale de los labios de mi corazón!-

sin temer a las consecuencias . . .

"estaré esperando por ti aquí si es que quieres venir"

TUS PIES

¡Hoy, me enamore de tus hermosos pies!
Tus arqueados pies de clara arcilla
con sus cinto torrecillas finitas en marfil pintado,
su talón lunar combinación de tu sonrisa;

Cada uno pertenece al otro y el otro pertenece al uno,

¡Oh, tan finitos!
¡Oh, tan incomprensibles!
¡Oh, tan míos! . . . ¿Cómo el aire?

Me enamore de tus pies pues enfrente de mí se han detenido,
te han traído, te han llevado y empujado hasta aquí.

Ah, tus pies tan delicados como esa línea tuya que no conozco
Ellos así, y siendo en si dos se convierten en uno cuando los toco.

Si no me han enamorado, por que sobre ellos te conocí y sobre ellos
hemos de morir.

TAL VEZ

Tal vez para ti fui
Uno más . . .
Pero con migo no es así
Tu eres la única, la insoportable,
La deseada.

La que en las noches,
Me quita el sueño cuando me voy a dormir
Se mete en mis ojos
Y me muerde la pupila
En la mañana.

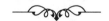

AMAPOLA

Tú eres la amapola de mi vida,
contigo vuelan mis alas . . .
Como la sangre que envuelvo día con día,
como luciérnaga cohibida por la luz que emanas,

Como una flor recen nacida eres hermosa y sencilla,
como pétalo de primavera estas a mí destinada,
enamoraste mis manos con tu sonrisa tímida,
cogiste mis ojos como peses en cascada,

Ahora tengo mi alma así, contrastada,
por el relente de la noche que avanza,
y yo pensando en ti, en tu alba . . .

TÚ MASCARA

Tu ultima mascara de piedra se ha roto
como se rompe el sonido por el llanto del alama,
como me rompí aquella vez que me dijiste con los ojos que tu boca
no era mía
solo así se ha roto donde la culpa se quebranta por la sangre de dios
por el estado ávido de curarte la culpa solo tuya
formada de ápice a ápice de culpa

Y ahora que ambos sabemos todo . . . ¿Qué prosigue?
Seguiremos engañándonos tras mascaras de piedra
o solo nos dejaremos caer en el amor como si nada haya pasado . . .

¡Todo será negado!
diciendo y culpando al vino y a la locura y a la noche,

¿sabes?
¡Estoy arto de esto!
Sabes que te amo desde aquel día en que tropecé con tus tobillos
prófugos,
desde que tus labios rozaron los míos
fue ahí donde conocí la felicidad
y la sensación de ella es mía
fue ahí donde conocí lo hermoso de fidelidad
y que hay alguien que te espera

Siempre avía sido de todas, hombre de todas, nómada de mujeres,
así sin compromisos
ahora quiero todos los compromisos del mundo solo para estar
junto a ti
acariciando tu cabello, mirándote a los ojos, besándote eternamente
quisiera quedarme en tus brazos hasta que el sol se apague y hacernos
polvo junto . . .

EL RON DE TU MIRADA

Amo el ron de tu mirada
que es como caricia mojada
de tu amor, de tu misma, de tu llanto
que poco a poco me embriaga
y me toma y me suelta
ye me embriaga y embriaga . . .

Quiero morir de congestión de tu mirada
de tu cuerpo de tu alma
de tu nombre . . .—mi amada—

CHANEL

Mi puño da la curva de palabra
como la palabra da el sonido del clavel
pensando en tu cintura tu mentón y tu mirada
perfumada mi mano de tu cuerpo de Chanel

Lejanas las estrellas acarician tu vientre
como luz de blancas rosas al caer
fraguando mi venganza al solo verte
recordando que estuvimos piel con piel

La noche se obscurece poco a poco
dando pauta a la pregunta del ¿por qué?
saber que sientes cuando te toco
preguntándote de nuevo por qué infiel

Pero cae la hora del "te amo" y me desahogo
perfumando mi mano de tu vientre, de tu cuerpo
de tu cuerpo de Chanel

Al despertar de la mañana siguiente
las sabanas son nuestra segunda piel
corazón dame fuerzas para seguir fuerte
quiero no recordar lo que hizo con el

Suave y tierna vos sublime me llama
como el cantico de las campanas de Israel
corazón tonto e ingenuo la mente aclama
imágenes confusas de mi y de el

Mirando con ojos de luna me noto taciturno
abriste tus pistilos a su amor infiel . . .
¿Como no perdonarte?
estatua de mi vida, perfección del ser

¿Por que todo se me olvida al solo verte?
Imposible recordar lo que hiciste con el
perfumando mi mano de tu vientre, de tu cuerpo . . .
de tu cuerpo de Chanel.

EN LO MÁS EFÍMERO DE MI VIDA

En lo más efímero de la vida
parece que eres tú la única la que perdura, la que queda
en el fragor de la batalla.
Siempre apareces de pronto, pero muy lejana
en la búsqueda interminable del amor . . .
Indefectible tú eres siempre, ¡imprescindible!

En lo más doloroso de la muerte
taciturna te ciento sentada, silenciosa, inconfundible,
En la vehemencia de los sentidos
vasija que me recopila eres

En la humildad de tu mirada siempre me pierdo

En el silencio del olvido
colérica tú, olvidada de olvidar,
En lo más fraudulento de mi ser
recta y correcta te noto,

Como algo indescriptible apareces
siempre en mis sueños, siempre en mí alma
gaviota plateada, estrella radiante, luna y sol . . .

MURIENDO

Estoy muriendo lento . . .
¿Como mueren los sueños?
Me estoy quemando dentro
con la cara en el viento
¡Respirando simplemente amor!

ME FALTA

Me hacen falta tus manos,
tu boca, tu pelo,
tus besos que me llenan día con día
me hace falta tu sonrisa,
tu cuerpo de fresca manzana
me hace falta tu vientre,
tus muslos amor
me haces falta tú . . .

¡Mi corazón!

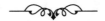

TANTAS COSAS

Tantas cosas que decir y nada que perder,
eres solo tú mi único anhelo perpetuo,
tantas cosas que decirte . . .

Quisiera converger todas las palabras de amor y dártelas
para amapolar tus majillas grandiosas,
Dedicarlas a ti, pero no alcanza, no alcanza ni
solo para nombrar una ínfima parte de tu más preciado cuerpo,
así como no alcanzo mi amor para demostrarte todo lo que siento,
se queda corto amor, mi amor el amor que te tengo no alcanza.

¡Más que mi amor, necesidad de tu amor tengo!

Así curando las noches de nostalgia
para vaciar en ti lo más profundo que yo tengo,
Basta un beso implacablemente solo uno
tu efímero amor que me das no alcanza
ni para sollozar, ni para plañir sonriendo,

Quisiese yo tu beso de verdad . . .
ese, el que sabe a gloria mojada
humedecida de lo lento que voy muriendo,
empapada del vaivén de la almohada
serrada la habitación esta de tanto encierro
aunque tenga la puerta abierta y el alma abierta
y el dolor muy lento . . .

LOVE, AMOR, 사랑

WHEN I KISS HER

When I kiss her . . .
Her body is a dewdrop
Her eyes are a waterfall of blossoms
Her smile is a whirlwind of sugar
Her hands are lightnings in my total darkness
Her breast is a great sea of white snow
Her belly is the most magnificent sky
Her lips is a river of honey
All of her is the reason of this poem

I never forget her . . . ¡all the word converges in only one woman!

TIEMPO

Lento caminante,
caminando la vereda de lo infinito . . .
Caminando un círculo vicioso sin fin,

Acompañante de la muerte día y noche,
Cómplice de la belleza
enemigo de la salud
hermano entrañable de la vida,

Corre sin cuerpo, ni pies, ni alma,
constante como ninguno,
preciso en el momento exacto
Pasa siempre frente a ti
y sin que te des cuenta
te sonríe y se larga con la cabeza agachada,

Frio fugas y sin sentimiento
te deja solo.
sin vida
sin tiempo
sin ti . . .